Género Drama

I0901317

## Pregunta esencial

**¿Cómo cambian las historias cuando los personajes son encarnados por animales?**

# El juego de Anita

Claudia Ramírez
ilustrado por Felipe Niño

**Escena 1**
Plumas nacaradas . . . . . . . . . . . . . . . . . . . . . . . . . . . . . . 2

**Escena 2**
Un enredo y al suelo. . . . . . . . . . . . . . . . . . . . . . . . . . . . 4

**Escena 3**
Un afortunado cambio de posición . . . . . . . . . . . . . . . 8

**Escena 4**
Anita la princesa . . . . . . . . . . . . . . . . . . . . . . . . . . . . . . 12

**Respuesta a la lectura** . . . . . . . . . . . . . . . . . . . . . . . . 16

**LECTURA COMPLEMENTARIA** **El misterio de la tarta desaparecida..17**

**Enfoque: Género** . . . . . . . . . . . . . . . . . . . . . . . . . . . . . 20

Escena 1

# Plumas nacaradas

**Ambiente:** Un bosque tropical

**Personajes: ANITA, MAMÁ DE ANITA, PAPÁ DE ANITA, JUAN, PEDRO, SAÚL, LOROS, URRACAS AZULES y PÚBLICO.**

*(Anita, la cacatúa de plumas nacaradas y penacho amarillo, baila al son de los sonidos de la selva).*

**MAMÁ DE ANITA** *(al papá de Anita).* Sus alas parecen un tutú de ballet.

**PAPÁ DE ANITA** *(con orgullo).* ¡Qué portento de bailarina! Sus alas nacaradas brillan como el sol.

*(Del otro lado del árbol, cuchichean Pedro, Saúl, Juan y otros loros del equipo de fútbol).*

**PEDRO** *(malhumorado).* ¡Ja! ¿Una cacatúa bailarina? Debería volar en lugar de bailar.

**SAÚL** *(burlón).* Que venda sus alas y se haga un collar.

**JUAN** *(sorprendido).* Pero miren cómo se mueve. Es ágil.

*(Los loros se concentran en los movimientos de Anita).*

**SAÚL.** ¿La imaginan jugando fútbol?

*(Todos los loros del equipo de fútbol se ríen).*

**JUAN** *(con seriedad).* Deberíamos ir a jugar porque ya se acerca la final del torneo de fútbol de las aves. No vamos a dejar que las urracas azules nos ganen de nuevo.

**SAÚL** *(enérgico).* ¡No, señores! Vamos a entrenar.

**PEDRO.** Me parece buena idea. Iré volando a la vereda por el balón.

**JUAN.** ¿Quieres que te acompañe?

**PEDRO** *(decidido).* No. Es mejor que vayas con el equipo y calientes bien esas alas.

*(Pedro deja el árbol con un fuerte aleteo que desconcentra a Anita. Pedro se va imaginando a Anita de jugadora de fútbol).*

## Escena 2 Un enredo y al suelo

*(Es la final de fútbol del torneo de las aves. Todo el equipo está reunido en la cancha. Pedro llega volando).*

**PEDRO** *(con cara de traer malas noticias).* Loros, Esteban se lesionó ayer. Nos falta un jugador.

**SAÚL** *(después de un silencio largo).* ¿Qué haremos?

**JUAN** *(entusiasta).* Digámosle a Anita. Es hábil y ágil con sus patas. Seguro es buena jugando fútbol.

**PEDRO** *(dirigiéndose a Juan).* ¿Te has vuelto loco? ¡Estamos en la final! F-I-N-A-L.

**SAÚL.** ¿Quieres que traigamos a una cacatúa bailarina a nuestro equipo de fútbol en la final del torneo?

**JUAN** *(con serenidad).* La vimos bailar. Se mueve bien. ¿Acaso alguno de nosotros tiene esa agilidad en las patas?

*(Todos guardan silencio).*

**JUAN.** Somos pequeños y esa es nuestra ventaja contra las urracas azules. Pero Anita es más rápida y puede quitarle más fácilmente el balón a una urraca.

**PEDRO.** ¿Estás seguro de lo que nos propones?

**JUAN.** No. Pero podemos intentarlo.

*(Anita pasa volando).*

**SAÚL** *(de muy mala gana).* Anita, baja.

**JUAN** *(a Anita).* Sabes planear y bailar. ¿Quieres jugar fútbol con nosotros en el torneo?

*(Ni los loros ni Anita lo pueden creer. Anita calla).*

**AHORA COMPRUEBA**

¿Por qué invitaron los loros a Anita a ser parte de su equipo?

**ANITA** *(sorprendida)*. Es muy gentil tu propuesta, Juan, pero yo no sé jugar fútbol. Solo sé volar y bailar.

**PEDRO** *(a Juan)*. ¿Viste? ¡Te lo dije! Esta cacatúa no puede jugar con nosotros.

**SAÚL.** Busquemos a alguien más.

**JUAN** *(a Anita)*. Si pateas como bailas, nos irá muy bien. Cuando tengas el balón entre tus patas, imagina una melodía. ¡Baila con el balón!

**PEDRO** *(furioso)*. ¿Qué estás diciendo? ¿Bailar con el balón?

**SAÚL** *(enojado)*. Es una pésima idea. No jugaremos con una cacatúa bailarina.

**JUAN** *(respira hondo)*. Démosle la oportunidad, loros. Si resulta, podremos ganarles a las urracas azules. *(a Anita)* Toma el balón. *(se lo lanza)*

*(Anita empieza a jugar con el balón. Los loros quedan sorprendidos: parece como si Anita hubiera jugado fútbol toda la vida. El partido de fútbol empieza. Anita tiene el balón y empieza a bailar. Ninguna urraca logra quitarle el balón. Va a anotar un gol, pero se distrae, se enreda y cae. Se lleva a Pedro y a Saúl consigo al suelo).*

# Un afortunado cambio de posición

*(Todas las aves se han reunido para ver la gran final. Las copas de los árboles están llenas y las aves cantan emocionadas).*

**PEDRO.** Estoy malhumorado. ¿Vieron lo que ha pasado? Perderemos.

**ANITA** *(triste).* Discúlpenme todos. Fue un accidente.

**JUAN.** No te preocupes. *(piensa un rato)* Como tienes alas largas y brillantes, lo mejor es que te quedes en la portería.

*(Anita va con la mejor actitud. Los loros están incrédulos y se están preparando para la derrota).*

**PEDRO** *(pesimista, a Saúl)*. Nos van a golear.

*(Las urracas azules agarran el balón. Lo lanzan entre las patas de las unas y las otras. Logran pasar la defensa del equipo de los loros. Una urraca patea el balón...).*

**JUAN** *(gritando, a Anita)*. Extiende tus alas, Anita.

*(La multitud de pájaros enloquece. Anita, con sus alas extendidas, atrapa el balón. Por el brillo de sus alas, parece que hay una estrella en la portería que ha salvado a los loros).*

**AHORA COMPRUEBA**

¿Cómo logró Anita evitar que las urracas anotaran un gol?

**PEDRO** *(atónito).* Anita, ¡eres la mejor! Así se hace.

**SAÚL.** Atajaste un lanzamiento muy potente.

*(El partido continúa. Los loros pierden el balón con facilidad ante las urracas azules, pero Anita detiene cada tiro con sus alas).*

**JUAN.** Anita, sigue así. Eres la jugadora estrella. Brillas más que nunca. *(Anita se ríe)*

*(Faltan cinco minutos para que se acabe el primer tiempo. Los loros y Anita están extenuados).*

**URRACA** *(con el balón en las patas, susurrando).* Esta vez sí entrará el balón...

**ANITA** *(gritando).* ¡Noooooo!

*(Extiende sus alas, pero estas no son suficientemente largas para cubrir toda la cancha. Hay una esquina libre y hacia allá va el balón).*

**ANITA** *(satisfecha).* ¡Te atrapé!

*(Termina el primer tiempo y el público está muy entusiasmado).*

| **Detective del lenguaje** | ¿Cuál es la función de los puntos suspensivos en la oración subrayada? |
|---|---|

## Escena 4

# Anita la princesa

*(Faltan dos minutos para que inicie el segundo tiempo. Anita está tan cansada que parece no poder despegar sus alas del suelo).*

**PEDRO** *(sonriente).* Lo has hecho bien, Anita. Toma agua.

**SAÚL.** ¡Eres la princesa de la portería! Nadie te gana.

**ANITA** *(con asombro).* ¿Yo? ¿Una princesa?

**JUAN.** Sí. Eres Anita la princesa.

*(Anita pone una silla en la portería y, a pesar de su cansancio, logra imitar a una princesa. Todos los loros se ríen. El buen humor y la buena actitud les dan ánimo para continuar con el partido).*

*(Juan le quita el balón a una de las urracas azules. El público revolotea, canta y hace ruidos estrepitosos).*

**JUAN.** ¡Vamos, equipo loro! Es la hora de anotar.

**PEDRO.** ¡Cuidado con esa urraca! Pásame el balón.

*(Juan le pasa el balón a Pedro. Este lo agarra con sus largas patas y lanza al arco).*

**ANITA** *(muy emocionada).* ¡Goooooool!

*(Pedro extiende sus alas y en un pispás está en la portería de Anita. Le da un gran abrazo).*

**PEDRO** *(con cariño).* Este gol es por ti, Anita. Has impedido que nos anoten más de un gol. Tú haces tu trabajo acá y nosotros, allá.

**SAÚL.** Un hurra por Anita.

**TODOS.** ¡Hurra, Anita! ¡Bravo!

*(El partido continúa. Las urracas quieren empatar. No quieren perder la final del campeonato de las aves. Pero no importa cómo lancen el balón al arco, las alas de la princesa Anita siempre lo detienen).*

**JUAN** *(gritando).* Esa es la princesa Anita, detiene todos los balones. Es invencible.

| **Detective del lenguaje** | En la oración subrayada, ¿cuál es el complemento directo? |
|---|---|

*(El partido termina 1-0 a favor del equipo de los loros. La tradición de los loros cuando ganan es subir a la copa de los árboles y formar un círculo).*

**JUAN** *(guiñando un ojo).* En el centro siempre está el mejor jugador, Anita.

**PEDRO.** Esta final la ganamos por ti.

**SAÚL.** Una cacatúa bailarina nos defendió de las urracas azules y por ella ganamos.

**ANITA** *(extendiendo sus alas de la felicidad).* Bailemos para celebrar.

**PEDRO** *(tímido).* ¿Bailar?

**ANITA.** Sí.

**SAÚL.** ¡Eh! Bailar es divertido.

**JUAN** *(con tono burlón).* Sí, pero no lo haces tan bien como Anita.

*(Todos ríen).*

**JUAN** *(un poco serio).* Anita, te convertirás en leyenda desde hoy. Las urracas azules eran invencibles. Nunca, en toda la historia del campeonato, las urracas azules habían perdido la final.

**ANITA.** Pero no lo hice todo sola. Pedro anotó el gol. Fuimos un equipo.

*(En la tarde, después de la celebración, cada uno extiende sus alas y se va volando, planeando, disfrutando la victoria. Anita lleva el balón del juego y decide entrenar un rato).*

**AHORA COMPRUEBA**

¿Por qué cambió la actitud de los loros hacia Anita?

# Respuesta a la lectura

## Resumir

Usa los detalles más importantes de *El juego de Anita* para resumir la obra de teatro. Usa el organizador gráfico como ayuda.

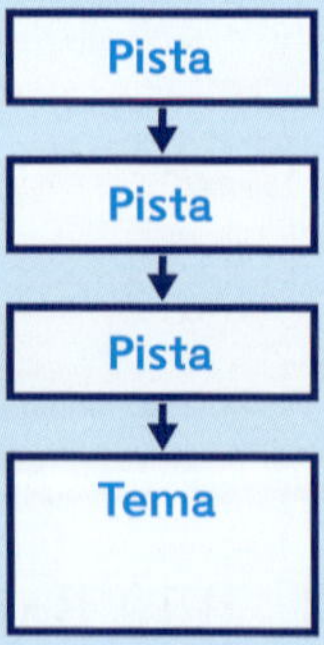


## Evidencia en el texto

1. Qué características de *El juego de Anita* te indican que es una obra de teatro? GÉNERO

2. ¿Cómo logró Anita ser una arquera fantástica? TEMA

3. En la página 4 aparece la palabra *ágil.* ¿Qué antónimos tiene esta palabra? ANTÓNIMOS

4. Escribe sobre cómo Anita se vuelve la princesa de la portería y cómo esto ayuda al equipo de los loros. ESCRIBIR SOBRE LA LECTURA

**Género** **Misterio**

## Compara los textos

Lee acerca de un animal que resuelve un misterio.

# El misterio de la tarta desaparecida

La señora Mejorana era famosa por sus tartas: su especialidad era la tarta de arándanos. Una mañana, se levantó temprano, horneó algunas tartas de diferentes frutas para la feria del condado y las dejó en la ventana a enfriar.

A la hora de ir a la feria, contó las tartas.

—¡Oh, no! ¡Falta una! —exclamó la señora Mejorana.

Las gallinas comenzaron a cacarear, los cerditos a gruñir y las ovejas a balar.

—¿Qué es este alboroto? —preguntó Perro Detective desperezándose y bostezando.

Illustration: Patrick Girouard

—¡Desapareció una de las tartas de la señora Mejorana! —respondió Gallo.

—Este es un caso para Perro Detective —dijo Cerdo.

Perro Detective fue a hablar con la señora Mejorana. Al poco tiempo, regresó al jardín.

—La tarta desapareció hace aproximadamente diez minutos —dijo—. Necesito saber qué estaba haciendo cada uno de ustedes en ese momento.

—Yo no fui —dijo Gallo—, estaba ocupado cantando.

Perro Detective sabía que esto era cierto porque su canto lo había despertado.

—Yo no fui —dijo Cerdo—, estaba ocupado revolcándome en el barro.

—Yo no fui —dijo la gata Tabita—, a mí no me gustan los arándanos.

—Eso es muy interesante —dijo Perro Detective—. Señora Mejorana, yo sé quién robó su tarta.

—¿Cómo lo descubriste? —preguntó ella.

—Nunca les dije a los animales de qué fruta estaba hecha la tarta que había desaparecido, pero la gata Tabita sabía que era la de arándanos. ¡Así fue como descubrí que fue ella!

## Haz conexiones

¿De qué manera Perro Detective ayuda a la señora Mejorana? **PREGUNTA ESENCIAL**

¿Cómo ayudan los animales a los otros personajes en *El juego de Anita* y *El misterio de la tarta desaparecida*? **EL TEXTO Y OTROS TEXTOS**

Illustration: Patrick Girouard

Enfoque:

# Género

**Drama** Las obras de teatro son relatos que se escriben para ser representadas ante un público. El texto se concentra en el diálogo y las interacciones de los personajes. Hay también acotaciones de escena que describen cómo hablan los personajes, qué sienten o qué hacen. Las obras de teatro tienen escenas en lugar de capítulos.

**Lee y descubre** En *El juego de Anita,* las acotaciones de las escenas están en itálicas y entre paréntesis. Estas les indican a los actores qué deben hacer o cómo deben hablar. Primero está el nombre del personaje; luego, vienen las acotaciones, y, después, lo que dice el personaje.

## Tu turno

Vuelve a leer la página 4. Encuentra las acotaciones que indican qué dice cada personaje y cómo lo dice.

Vuelve a leer la página 9. Escribe una escena que muestre cómo Anita evitó que el balón entrara en la portería. Recuerda usar los elementos del texto que indican quién habla, cómo habla y qué dice.